sekolah - school	2
berjalan - travel	5
pengangkutan - transport	8
bandar - city	10
landskap - landscape	14
restoran - restaurant	17
pasar raya - supermarket	20
minuman - drinks	22
makanan - food	23
ladang - farm	27
rumah - house	31
ruang tamu - living room	33
dapur - kitchen	35
bilik air - bathroom	38
bilik kanak-kanak - kids room	42
pakaian - clothing	44
pejabat - office	49
ekonomi - economy	51
pekerjaan - occupations	53
alat - tools	56
alat muzik - musical instruments	57
zoo - zoo	59
sukan - sports	62
aktiviti - activities	63
keluarga - family	67
badan - body	68
hospital - hospital	72
kecemasan - emergency	76
bumi - earth	77
jam - clock	79
minggu - week	80
tahun - year	81
bentuk - shapes	83
warna - colors	84
berlawanan - opposites	85
nombor - numbers	88
bahasa-bahasa - languages	90
siapa / apa / bagaimana - who / what / how	91
di mana - where	92

Impressum
Verlag: BABADADA GmbH, Nedderfeld 112 , 22529 Hamburg
Geschäftsführer / Verlagsleitung: Harald Hof
Druck: Books on Demand GmbH, In de Tarpen 42, 22848 Norderstedt

Imprint
Publisher: BABADADA GmbH, Nedderfeld 112 , 22529 Hamburg, Germany
Managing Director / Publishing direction: Harald Hof
Print: Books on Demand GmbH, In de Tarpen 42, 22848 Norderstedt

sekolah
school

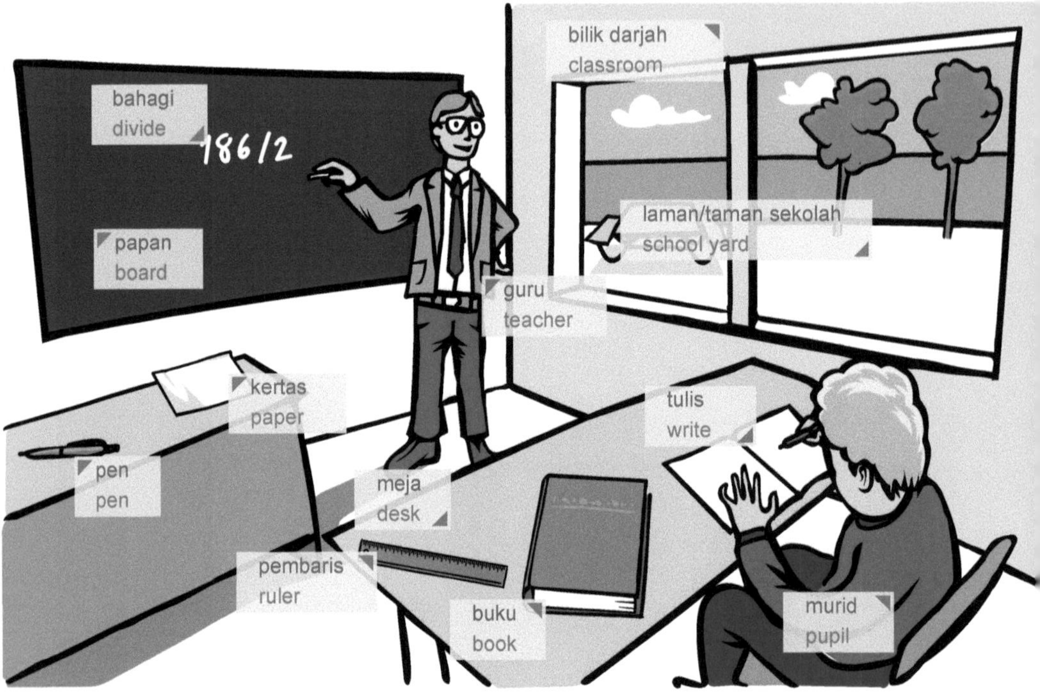

bilik darjah
classroom
bahagi
divide
186/2
papan
board
laman/taman sekolah
school yard
guru
teacher
kertas
paper
tulis
write
pen
pen
meja
desk
pembaris
ruler
buku
book
murid
pupil

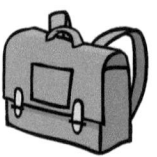

beg galas
satchel

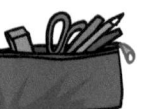

kotak pensel
pencil case

pensel
pencil

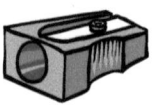

pengasah pensel
pencil sharpener

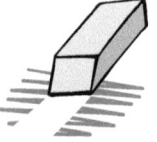

pemadam
rubber

kertas lukisan
drawing pad

melukis

drawing

berus lukis

paintbrush

kotak warna

paint box

gunting

scissors

gam

glue

buku latihan

exercise book

kerja rumah

homework

12

nombor

number

2+2

tambah

add

5-2

tolak

subtract

2×2

darab

multiply

kira

calculate

huruf

letter

ABCDEFG
HIJKLMN
OPQRSTU
VWXYZ

abjad

alphabet

kata

word

teks

text

baca

read

kapur

chalk

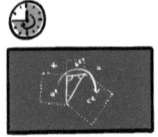

pelajaran

lesson

daftar

register

peperiksaan

examination

sijil

certificate

uniform sekolah

school uniform

pendidikan

education

ensiklopedia

encyclopedia

universiti

university

mikroskop

microscope

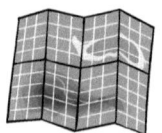

peta

map

bakul sampah

waste-paper basket

berjalan
travel

hotel
hotel
Grand
asrama
hostel
ROOMS
EXCHANGE
pejabat tukaran mata wang
currency exchange office
beg pakaian
suitcase
kereta
car

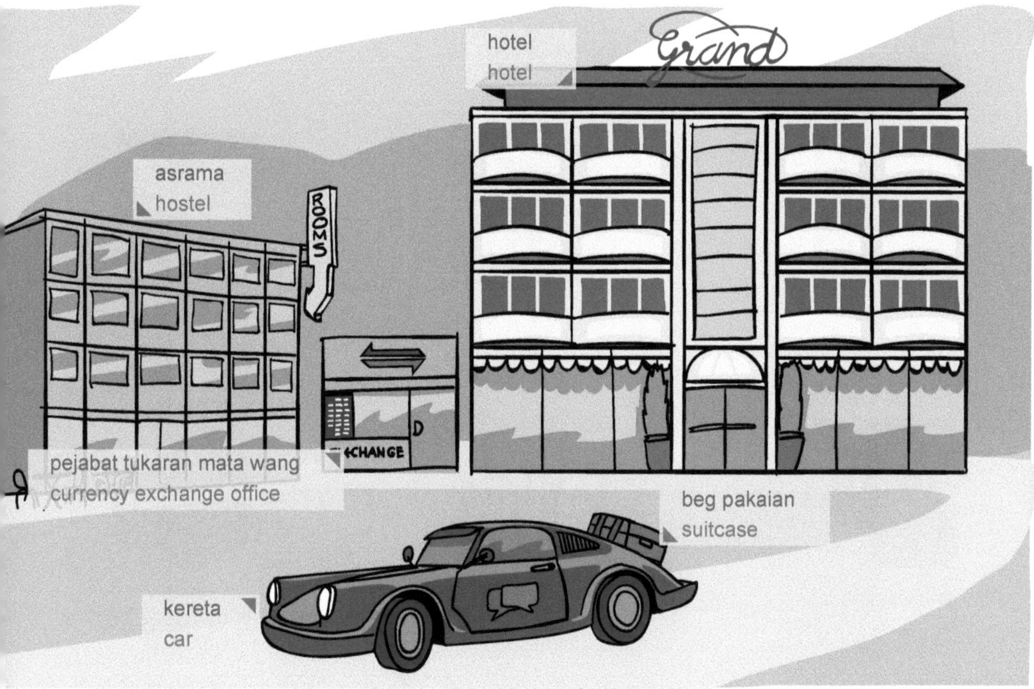

bahasa
language

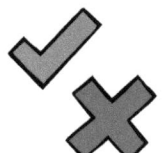

ya / tidak
yes / no

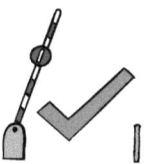

okey
Okay

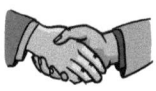

helo
hello

penterjemah
translator

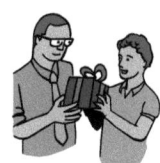

Terima kasih
Thank you

berapa banyak...?

how much is...?

saya tidak faham

I don't get it

masalah

problem

Selamat petang!

Good evening!

Selamat Pagi!

Good morning!

Selamat Malam!

Good night!

selamat tinggal

goodbye

arah

direction

bagasi

luggage

beg

bag

beg galas

backpack

tetamu

guest

bilik tidur

room

beg tidur

sleeping bag

khemah

tent

maklumat pelancong

tourist information

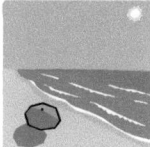

pantai

beach

kad kredit

credit card

sarapan

breakfast

makan tengah hari

lunch

makan malam

dinner

tiket

Ticket

lif

elevator

setem

stamp

sempadan

border

kastam

customs

kedutaan

embassy

visa

visa

pasport

passport

berjalan - travel

pengangkutan

transport

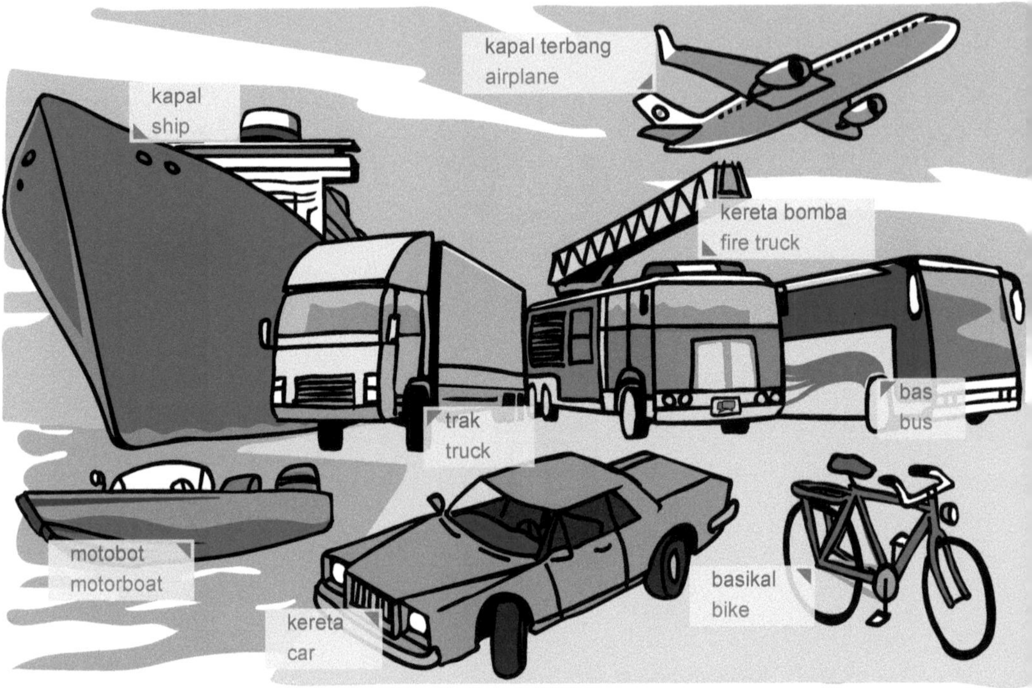

kapal terbang
airplane
kapal
ship
kereta bomba
fire truck
bas
bus
trak
truck
motobot
motorboat
basikal
bike
kereta
car

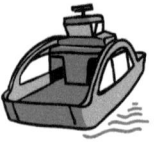

feri

ferry

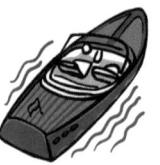

bot

boat

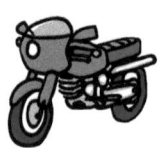

motosikal

motorbike

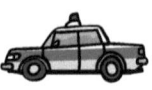

kereta polis

police car

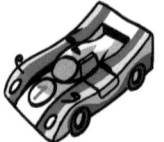

kereta lumba

racing car

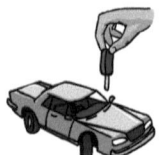

kereta sewa

rental car

berkongsi kereta

car sharing

trak tunda

tow truck

trak menolak

garbage truck

motor

engine

bahan api

fuel

stesen minyak

fuel station

tanda trafik

traffic sign

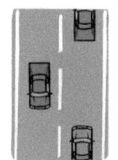

trafik

traffic

kesesakan lalu lintas

traffic jam

tempat parkir

parking lot

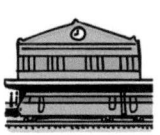

stesen kereta api

train station

trek

tracks

kereta api

train

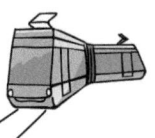

trem

tram

gerabak

wagon

helikopter

helicopter

lapangan terbang

airport

Menara

tower

penumpang

passenger

bekas

container

kadbod

carton

kart

cart

bakul

basket

berlepas / mendarat

take off / land

bandar

city

kampung

village

pusat bandar

city center

rumah

house

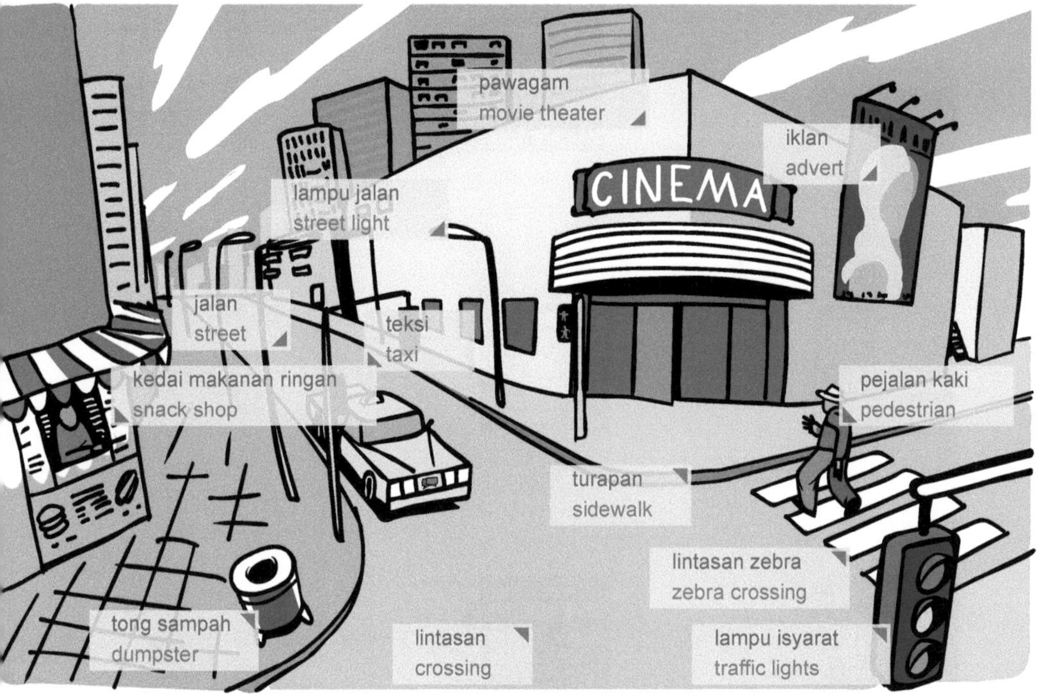

pawagam
movie theater

iklan
advert

lampu jalan
street light

CINEMA

jalan
street

teksi
taxi

kedai makanan ringan
snack shop

pejalan kaki
pedestrian

turapan
sidewalk

lintasan zebra
zebra crossing

tong sampah
dumpster

lintasan
crossing

lampu isyarat
traffic lights

pondok
hut

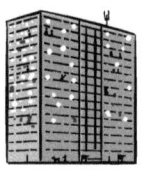

flat
apartment

stesen kereta api
train station

dewan bandar
city hall

muzium
museum

sekolah
school

bandar - city

universiti

university

bank

bank

hospital

hospital

hotel

hotel

farmasi

pharmacy

pejabat

office

kedai buku

book shop

kedai

shop

kedai bunga

flower shop

pasar raya

supermarket

pasaran

market

gedung

department store

penjual ikan

fishmonger's shop

pusat membeli-belah

mall

pelabuhan

harbor

taman

park

bangku

bench

jambatan

bridge

tangga

stairs

bawah tanah

subway

terowong

tunnel

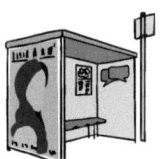

hentian bas

bus stop

bar

bar

restoran

restaurant

peti surat

postbox

papan tanda jalan

street sign

meter parkir

parking meter

zoo

zoo

kolam renang

swimming pool

masjid

mosque

ladang

farm

pencemaran

pollution

tanah perkuburan

cemetery

gereja

church

taman permainan

playground

kuil

temple

landskap
landscape

daun
leaf

tiang tanda
signpost

jalan
path

padang rumput
meadow

batu
stone

pokok
tree

pejalan kaki
hiker

sungai
river

rumput
grass

bunga
flower

lembah

valley

bukit

hill

tasik

lake

hutan

forest

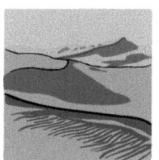

padang pasir

desert

gunung berapi

volcano

istana

castle

pelangi

rainbow

cendawan

mushroom

pokok kelapa sawit

palm tree

nyamuk

mosquito

terbang

fly

semut

ant

lebah

bee

labah-labah

spider

kumbang

beetle

katak

frog

tupai

squirrel

landak

hedgehog

arnab

hare

burung hantu

owl

burung

bird

angsa

swan

babi jantan

boar

rusa

deer

moose

moose

empangan

dam

turbin angin

wind turbine

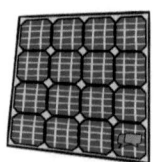

panel solar

solar panel

iklim

climate

pelayan
waiter

menu
menu

kerusi
chair

sup
soup

piza
pizza

kutleri
cutlery

alas meja
tablecloth

pemula
starter

hidangan utama
main course

dessert
pencuci mulut

pencuci mulut
dessert

minuman
drinks

makanan
food

botol
bottle

makanan segera

fast food

makanan jalanan

street food

teko

teapot

mangkuk gula

sugar bowl

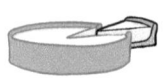

bahagian

portion

mesin espreso

espresso machine

kerusi tinggi

high chair

bil

bill

dulang

tray

pisau

knife

garfu

fork

sudu

spoon

sudu teh

teaspoon

serviette

serviette

gelas

glass

pinggan

plate

mangkuk sup

soup plate

piring

saucer

sos

sauce

tempat garam

salt shaker

pengisar lada

pepper mill

cuka

vinegar

minyak

oil

rempah

spices

sos

ketchup

mustard

mustard

mayones

mayonnaise

pasar raya

supermarket

tawaran istimewa
special offer
FOR
pelanggan
customer
tenusu
dairy products
buah-buahan
fruit
troli
shopping cart

BUTCHERS

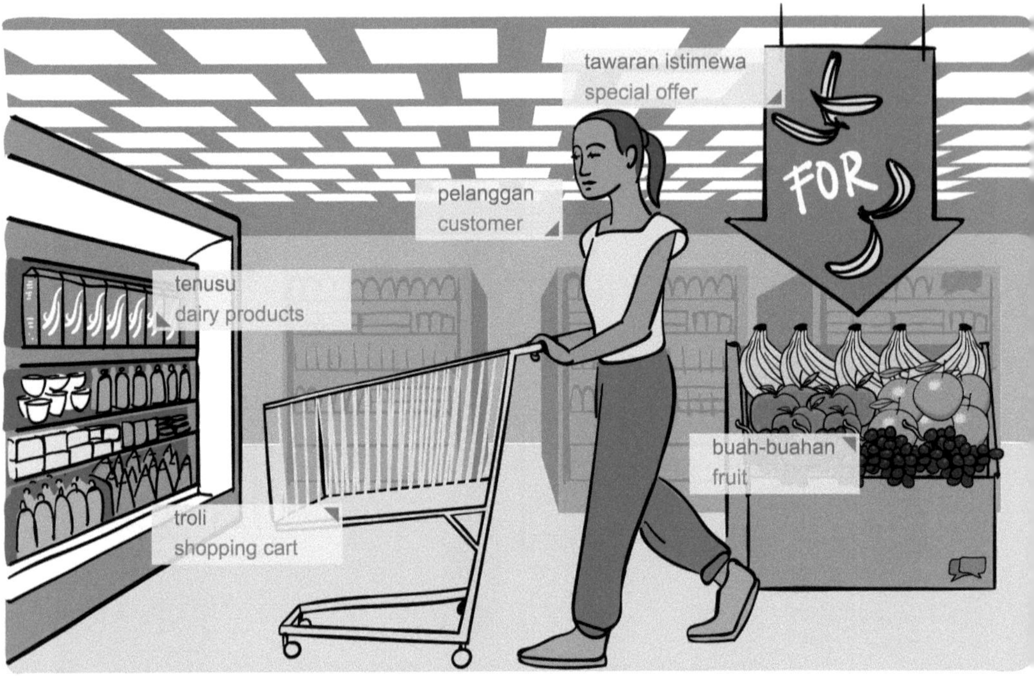

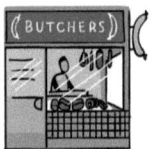

tukang daging

butcher's shop

BAKERY

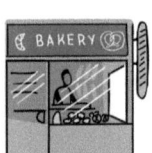

kedai roti

bakery

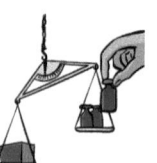

berat

weigh

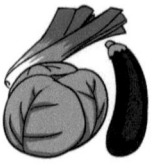

sayur-sayuran

vegetables

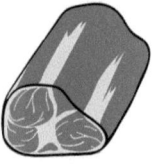

daging

meat

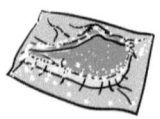

makanan sejuk beku

frozen food

daging sejuk

cold cuts

makanan dalam tin

canned food

serbuk pencuci

detergent

gula-gula

candy

produk isi rumah

household products

produk pembersihan

cleaning products

orang jualan

sales representative

daftar tunai

cash register

juruwang

cashier

senarai membeli-belah

shopping list

waktu pembukaan

opening hours

beg duit

wallet

kad kredit

credit card

beg

bag

beg plastik

plastic bag

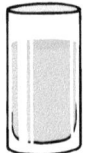

air
....
water

jus
....
juice

susu
....
milk

kola
....
coke

wain
....
wine

bir
....
beer

alkohol
....
alcohol

koko
....
cocoa

the
....
tea

kopi
....
coffee

espreso
....
espresso

kapucino
....
cappuccino

pisang

banana

epal

apple

oren

orange

tembikai

melon

lemon

lemon

lobak merah

carrot

bawang putih

garlic

buluh

bamboo

bawang

onion

cendawan

mushroom

kacang

nuts

mi

noodles

spageti

spaghetti

nasi

rice

salad

salad

kerepek

fries

kentang goreng

fried potatoes

piza

pizza

hamburger

hamburger

sandwic

sandwich

kutlet

escalope

ham

ham

salami

salami

sosej

sausage

ayam

chicken

panggang

roast

ikan

fish

bubur oat

porridge oats

muesli

muesli

emping jagung

cornflakes

tepung

flour

kroisan

croissant

roti roll

bread roll

roti

bread

roti bakar

toast

biskut

cookies

mentega

butter

dadih

curd

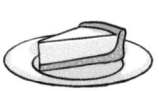

kek

cake

telur

egg

telur goreng

fried egg

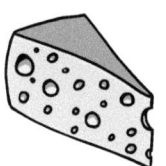

keju

cheese

ais krim

ice cream

gula

sugar

madu

honey

jem

jelly

krim nougat

nougat cream

kari

curry

ladang
farm

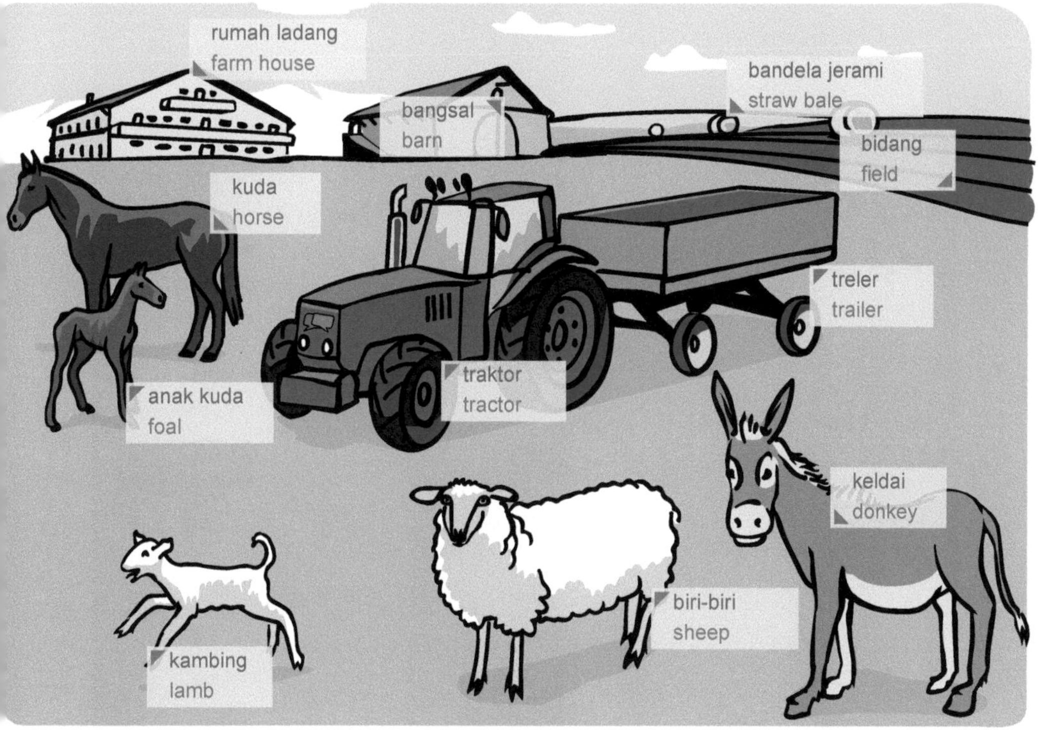
rumah ladang
farm house
bangsal
barn
bandela jerami
straw bale
bidang
field
kuda
horse
treler
trailer
traktor
tractor
anak kuda
foal
keldai
donkey
biri-biri
sheep
kambing
lamb

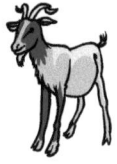

kambing
goat

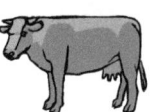

lembu
cow

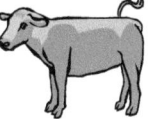

anak lembu
calf

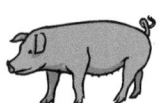

babi
pig

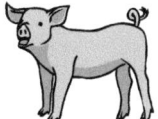

anak babi
piglet

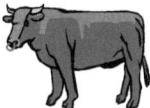

lembu
bull

angsa

goose

itik

duck

anak ayam

chick

ayam betina

hen

ayam jantan muda

cockerel

tikus

rat

kucing

cat

tikus

mouse

lembu jantan

ox

anjing

dog

rumah anjing

dog house

hos taman

garden hose

bekas siraman

watering can

sabit

scythe

bajak

plow

sabit
sickle

cangkul
hoe

serampang peladang
pitchfork

kapak
axe

kereta sorong
pushcart

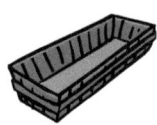

palung
trough

tin susu
milk can

karung
sack

pagar
fence

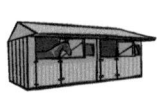

stabil
stable

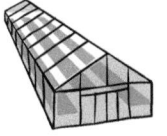

rumah hijau
greenhouse

tanah
soil

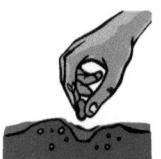

benih
seed

baja
fertilizer

jentuai
combine harvester

tuai

harvest

menuai

harvest

keladi

yams

gandum

wheat

soya

soya

kentang

potato

jagung

corn

biji sawi

rapeseed

pokok buah-buahan

fruit tree

ubi kayu

manioc

bijirin

grain

rumah
house

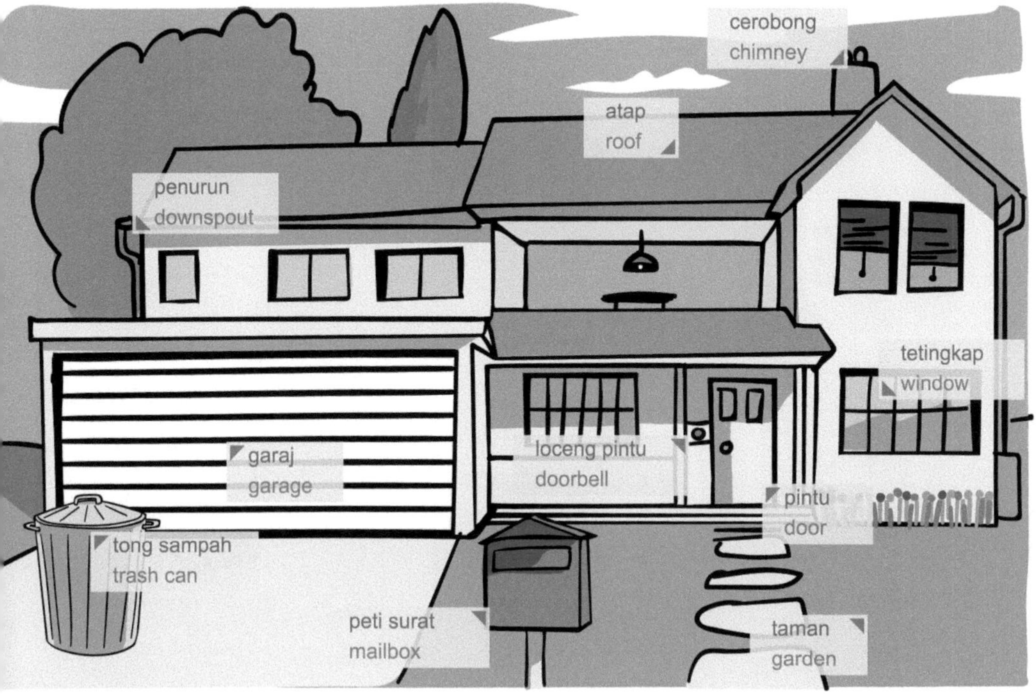

cerobong
chimney
atap
roof
penurun
downspout
tetingkap
window
garaj
garage
loceng pintu
doorbell
pintu
door
tong sampah
trash can
peti surat
mailbox
taman
garden

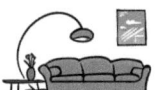

ruang tamu

living room

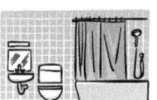

bilik air

bathroom

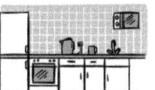

dapur

kitchen

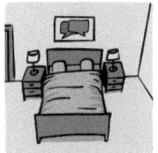

bilik tidur

bedroom

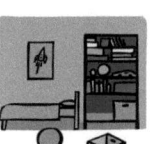

bilik kanak-kanak

kids room

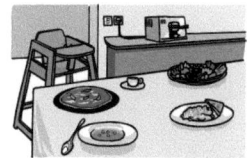

ruang makan

dining room

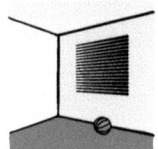

lantai

floor

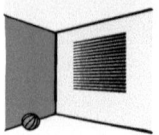

dinding

wall

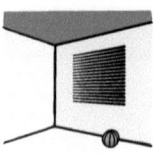

siling

ceiling

bilik bawah tanah

cellar

sauna

sauna

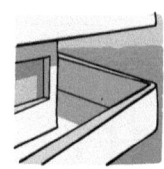

balkoni

balcony

teres

terrace

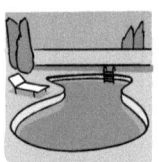

kolam renang

pool

pemotong rumput

lawn mower

lembaran

sheet

penutup tilam

bedspread

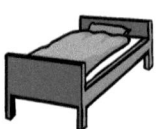

katil

bed

penyapu

broom

timba

bucket

suis

switch

ruang tamu
living room

kertas dinding
wallpaper
gambar
picture
lampu
lamp
rak
shelf
kabinet
cabinet
televisyen
television
pendiangan
fireplace
bunga
flower
kusyen
cushion
sofa
sofa
pasu
vase
alat kawalan jauh
remote control

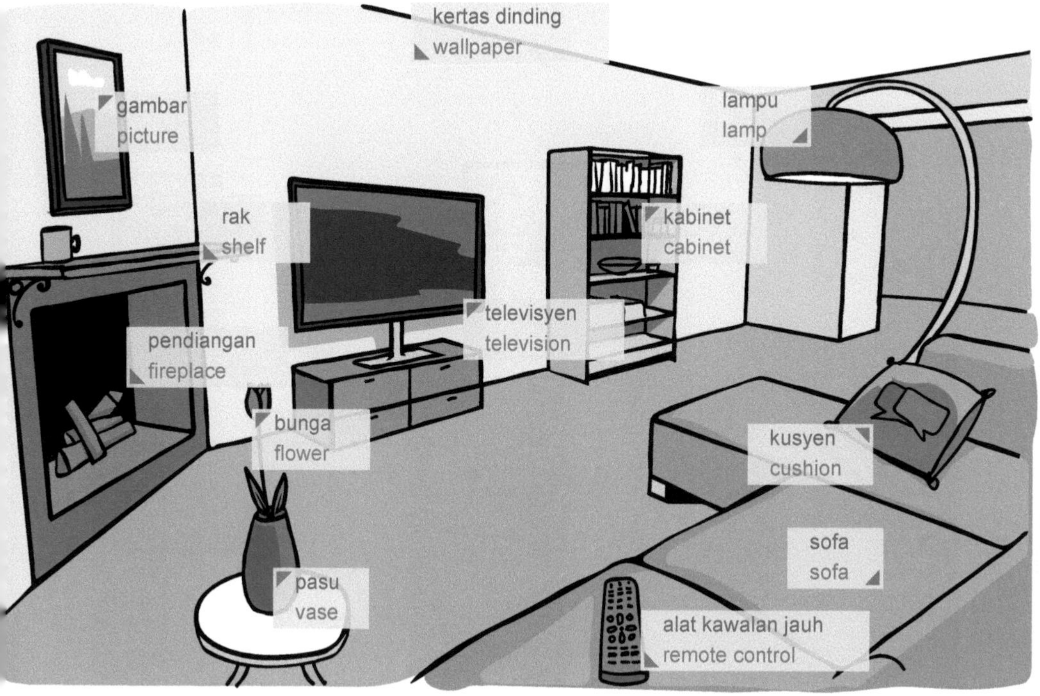

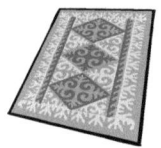

permaidani
carpet

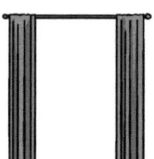

tirai
drape

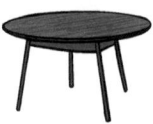

meja
table

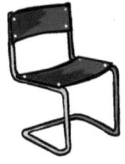

kerusi
chair

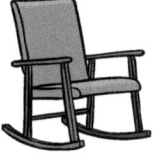

kerusi malas
rocking chair

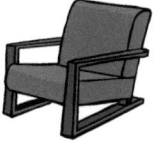

kerusi
armchair

buku

book

selimut

blanket

hiasan

decoration

kayu api

firewood

filem

film

hi-fi

stereo system

kunci

key

akhbar

newspaper

lukisan

painting

poster

poster

radio

radio

buku catatan

notebook

penyedut habuk

vacuum cleaner

kaktus

cactus

lilin

candle

dapur
kitchen

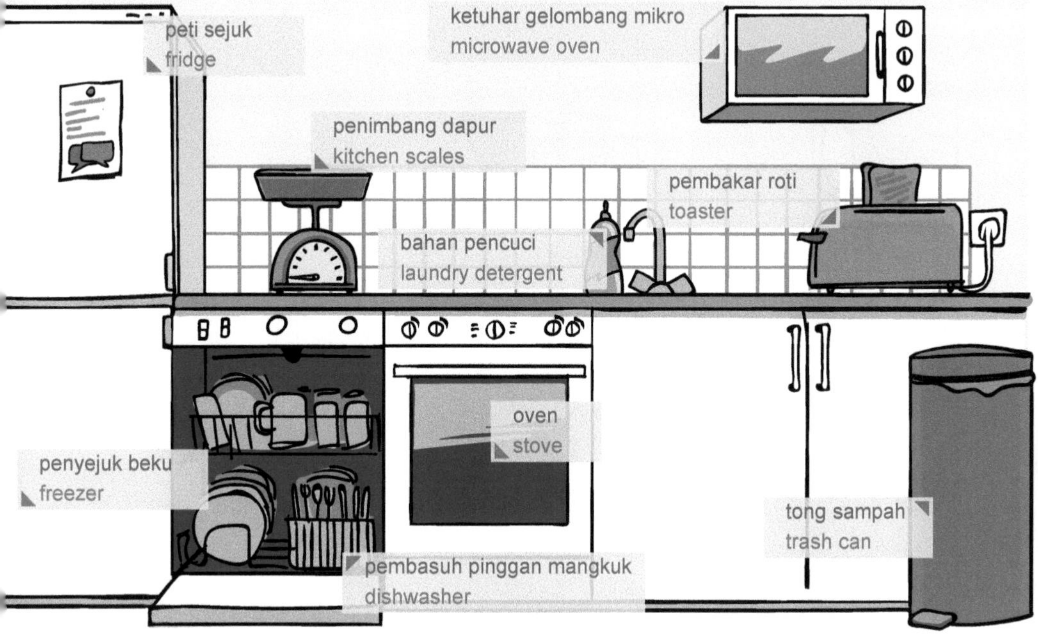

peti sejuk
fridge
ketuhar gelombang mikro
microwave oven
penimbang dapur
kitchen scales
pembakar roti
toaster
bahan pencuci
laundry detergent
oven
stove
penyejuk beku
freezer
tong sampah
trash can
pembasuh pinggan mangkuk
dishwasher

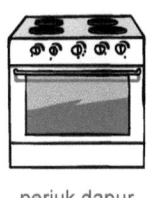

periuk dapur

cooker

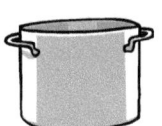

periuk

pot

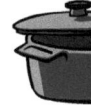

periuk besi

cast-iron pot

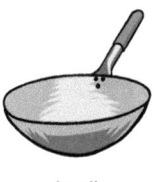

kuali

wok / kadai

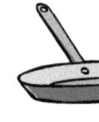

pan

pan

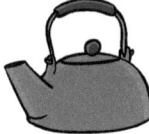

cerek

kettle

pengukus

steamer

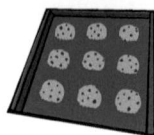

dulang pembakar

baking tray

pinggan mangkuk

crockery

koleh

mug

mangkuk

bowl

penyepit

chopsticks

senduk

ladle

spatula

spatula

pengadun

whisk

penapis

strainer

ayak

sieve

pemarut

grater

mortar

mortar

barbeku

barbecue

pembakaran terbuka

fireplace

dapur - kitchen

papan pencincang

chopping board

pin golekan

rolling pin

skru gabus

corkscrew

tin

can

pembuka tin

can opener

pemegang periuk

oven cloth

sinki

sink

berus

brush

span

sponge

pengisar

blender

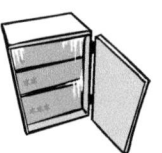

penyejuk beku

deep freezer

botol bayi

baby bottle

paip

tap

bilik air

bathroom

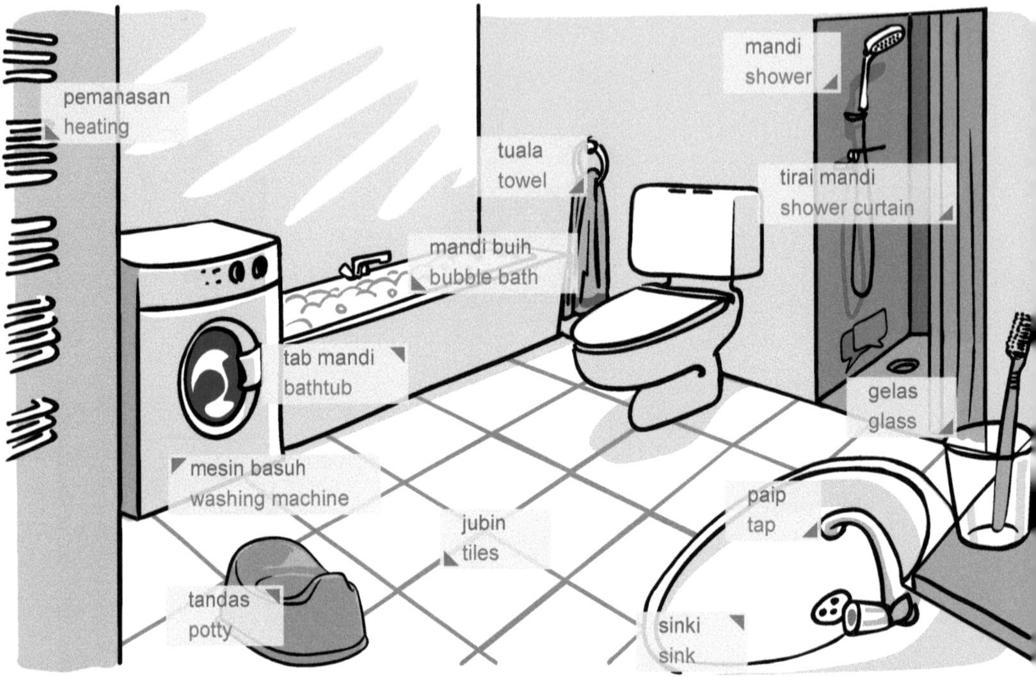
mandi
shower
pemanasan
heating
tuala
towel
tirai mandi
shower curtain
mandi buih
bubble bath
tab mandi
bathtub
gelas
glass
mesin basuh
washing machine
paip
tap
jubin
tiles
tandas
potty
sinki
sink

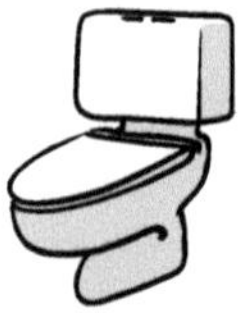

tandas

toilet

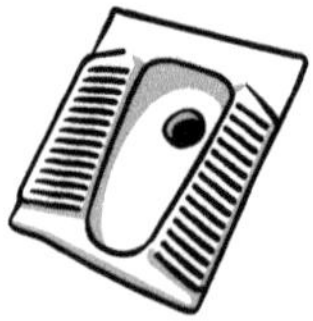

tandas mencangkung

squat toilet

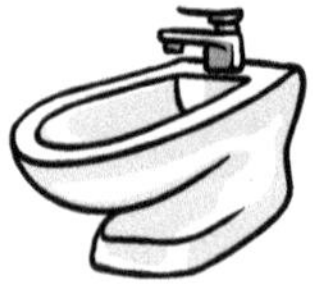

mangkuk tandas

bidet

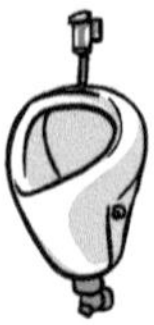

tandas awam

urinal

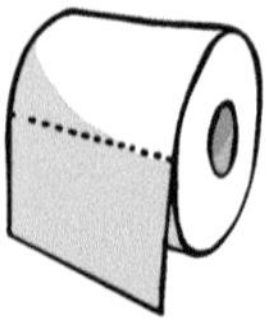

kertas tandas

toilet paper

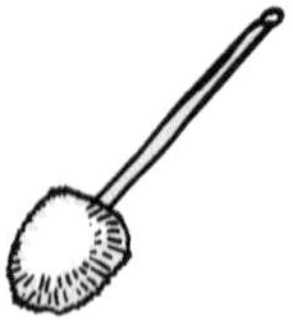

berus tandas

toilet brush

berus gigi

toothbrush

ubat gigi

toothpaste

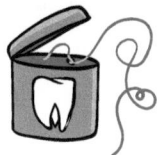

flos gigi

dental floss

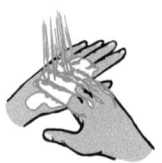

cuci

wash

mandian tangan

hand shower

pancuran

douche

besen

basin

belakang berus

back brush

sabun

soap

gel mandian

shower gel

syampu

shampoo

flanel

flannel

longkang

drain

krim

creme

deodoran

deodorant

cermin

mirror

cermin tangan

hand mirror

pisau cukur

razor

busa cukur

shaving foam

selepas cukur

aftershave

sikat

comb

berus

brush

pengering rambut

hair-dryer

semburan rambut

hairspray

mekap

makeup

gincu

lipstick

varnis kuku

nail varnish

bulu kapas

cotton wool

gunting kuku

nail scissors

pewangi

perfume

beg basuhan

washbag

bangku

stool

skala berat

weighing scales

jubah mandi

bathrobe

sarung tangan getah

rubber gloves

kapas

tampon

tuala wanita

sanitary towel

tandas kimia

chemical toilet

bilik kanak-kanak

kids room

jam loceng
alarm clock
mainan kegemaran
cuddly toy
kereta mainan
toy car
kerincing bayi
rattle
rumah anak patung
doll's house
hadiah
present

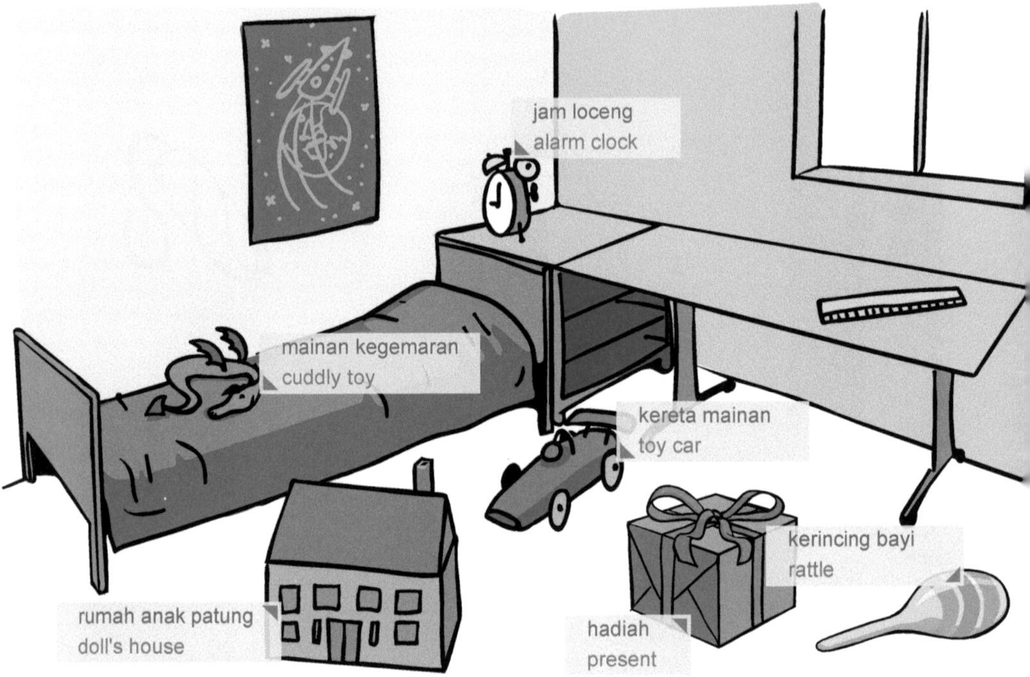

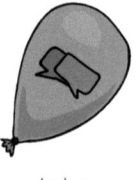

belon

balloon

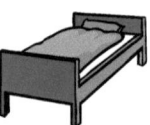

katil

bed

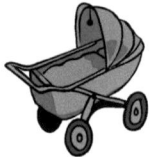

kereta sorong bayi

stroller

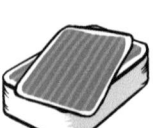

set kad

deck of cards

susun suai gambar

jigsaw

SUPER
MEGA

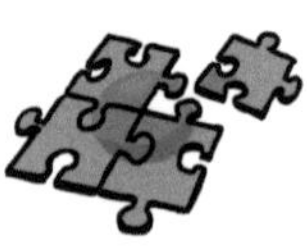

komik

comic

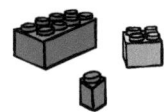

batu bata lego

lego bricks

blok mainan

toy blocks

figura aksi

action figure

baju bayi

romper suit

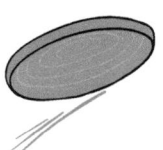

frisbee

frisbee

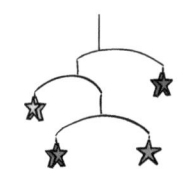

mainan bayi mudah alih

mobile

permainan papan

board game

dadu

dice

set model kereta api

model train set

palsu

pacifier

parti

party

buku bergambar

picture book

bola

ball

anak patung

doll

main

play

lubang pasir

sandpit

buai

swing

mainan

toys

konsol permainan video

video game console

basikal roda tiga

tricycle

anak patung beruang

teddy bear

almari pakaian

wardrobe

pakaian
clothing

stoking

socks

stoking

stockings

ketat

tights

skarf
scarf

payung
umbrella

kemeja-t
t-shirt

g/keselamatan

but
boots

selipar
slippers

kasut sukan
sneakers

sandal
sandals

kasut
shoes

but getah
rubber boots

seluar dalam
underwear

coli
bra

ves
undershirt

pakaian - clothing

45

badan

body

Seluar panjang

pants

jean

jeans

skirt

skirt

blaus

blouse

kemeja

shirt

baju panas sarung

pullover

sweater

sweater

blazer

blazer

jaket

jacket

kot

coat

baju hujan

raincoat

kostum

costume

pakaian

dress

baju pengantin

wedding dress

sut

suit

baju tidur

nightgown

baju tidur

pajamas

sari

sari

skarf kepala

headscarf

serban

turban

burqa

burka

kaftan

kaftan

abaya/jubah

abaya

baju renang

swimsuit

seluar renang

trunks

seluar pendek

shorts

sut balapan

tracksuit

apron

apron

sarung tangan

gloves

butang

button

cermin mata

glasses

gelang tangan

bracelet

rantai leher

necklace

cincin

ring

subang

earring

topi

cap

penyangkut kot

coat hanger

topi

hat

tali leher

tie

zip

zip

topi keledar

helmet

pendakap

braces

uniform sekolah

school uniform

seragam

uniform

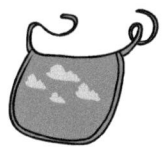

lapik dada

bib

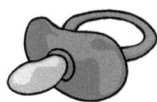

palsu

pacifier

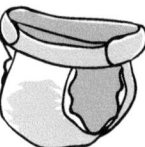

lampin

diaper

pejabat
office

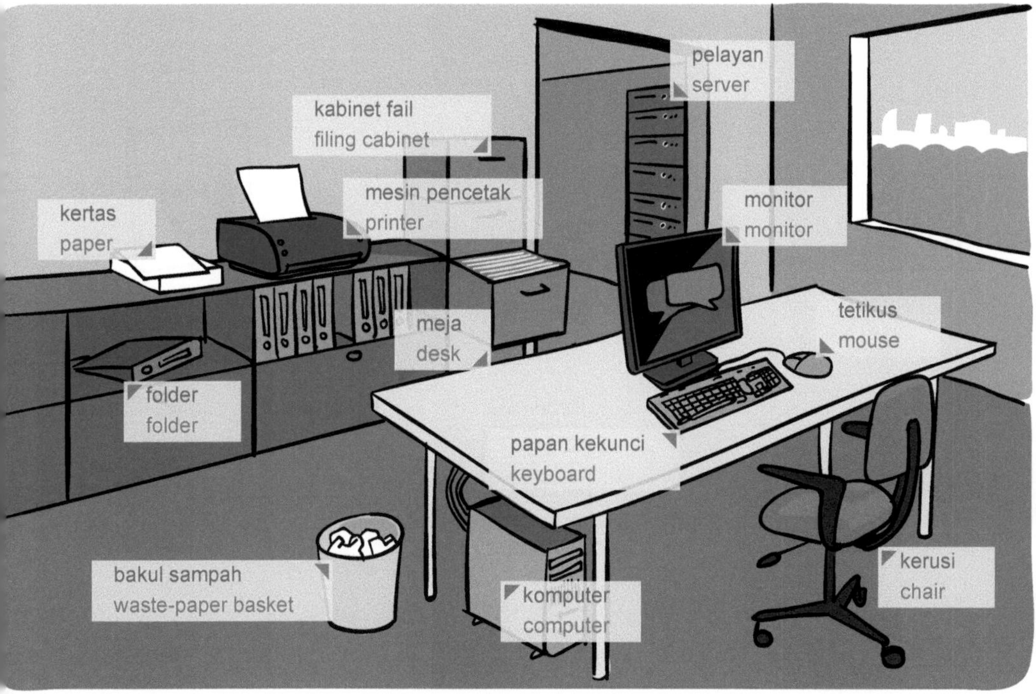

pelayan
server
kabinet fail
filing cabinet
mesin pencetak
printer
kertas
paper
monitor
monitor
tetikus
mouse
meja
desk
folder
folder
papan kekunci
keyboard
bakul sampah
waste-paper basket
komputer
computer
kerusi
chair

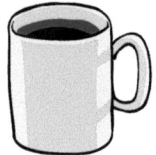

cawan kopi

coffee mug

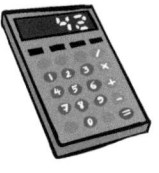

kalkulator

calculator

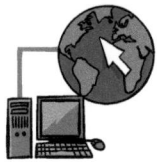

internet

internet

komputer riba

laptop

surat

letter

mesej

message

mudah alih

cell phone

rangkaian

network

mesin fotokopi

photocopier

perisian

software

telefon

telephone

soket plag

plug socket

mesin faks

fax machine

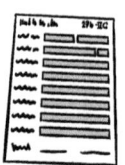

bentuk

form

dokumen

document

beli

buy

bayar

pay

berdagang

trade

wang

money

  USD

dolar

dollar

  EUR

euro

euro

  JPY

yen

yen

  RUB

rubel

rouble

  CHF

franc swiss

Swiss franc

  CNY

renminbi yuan

renminbi yuan

  INR

rupee

rupee

mata tunai

cash point

pejabat tukaran mata wang

currency exchange office

emas

gold

perak

silver

minyak

oil

tenaga

energy

harga

price

kontrak

contract

cukai

tax

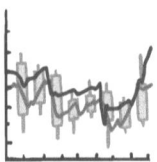

stok

stock

kerja

work

pekerja

employee

majikan

employer

kilang

factory

kedai

shop

pegawai polis
police officer

ahli bomba
fireman

tukang masak
cook

doktor
doctor

juruterbang
pilot

tukang kebun

gardener

tukang kayu

carpenter

tukang jahit

seamstress

hakim

judge

ahli kimia

chemist

pelakon

actor

pemandu bas

bus driver

pemandu teksi

taxi driver

nelayan

fisherman

wanita pencuci

cleaning lady

kasau

roofer

pelayan

waiter

pemburu

hunter

pelukis

painter

bakeri

baker

juruelektrik

electrician

pembangun

builder

jurutera

engineer

penjual daging

butcher

tukang paip

plumber

posmen

postman

askar

soldier

arkitek

architect

juruwang

cashier

kedai bunga

florist

pendandan rambut

hairdresser

konduktor

conductor

mekanik

mechanic

kapten

captain

doktor gigi

dentist

ahli sains

scientist

tuhanku

rabbi

imam

imam

sami

monk

paderi

pastor

alat

tools

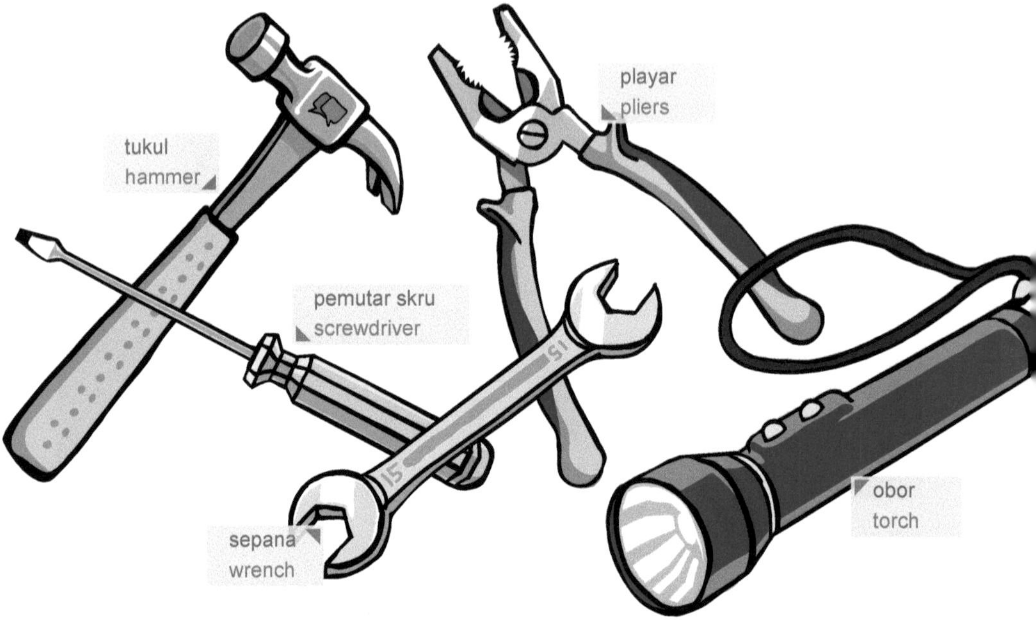
tukul
hammer
playar
pliers
pemutar skru
screwdriver
sepana
wrench
obor
torch

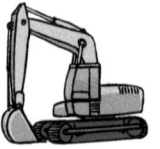

pengorek

excavator

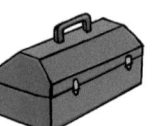

kotak peralatan

toolbox

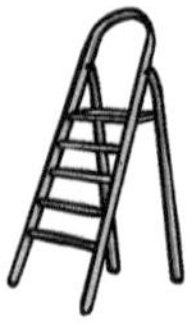

tangga

ladder

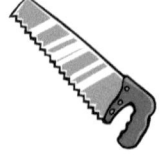

gergaji

saw

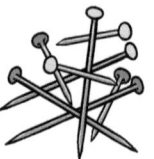

kuku

nails

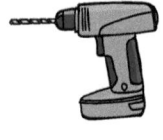

gerudi

drill

baiki

repair

penyodok

shovel

Celaka!

Damn!

penadah sampah

dustpan

periuk cat

paint can

skru

screws

alat muzik

musical instruments

pembesar suara
loud speaker

perangkat dram
drum set

gitar
guitar

bass berganda
double bass

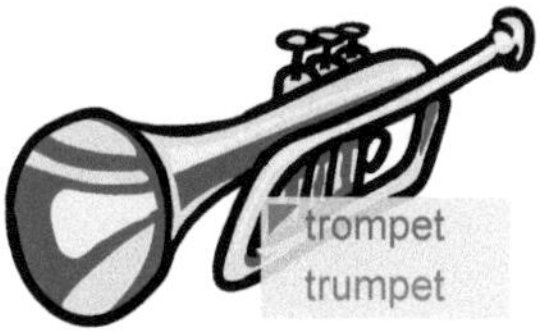

trompet
trumpet

piano

piano

biola

violin

bass

bass

timpani

timpani

dram

drums

papan kekunci

keyboard

saksofon

saxophone

seruling

flute

mikrofon

microphone

alat muzik - musical instruments

ZOO

ZOO

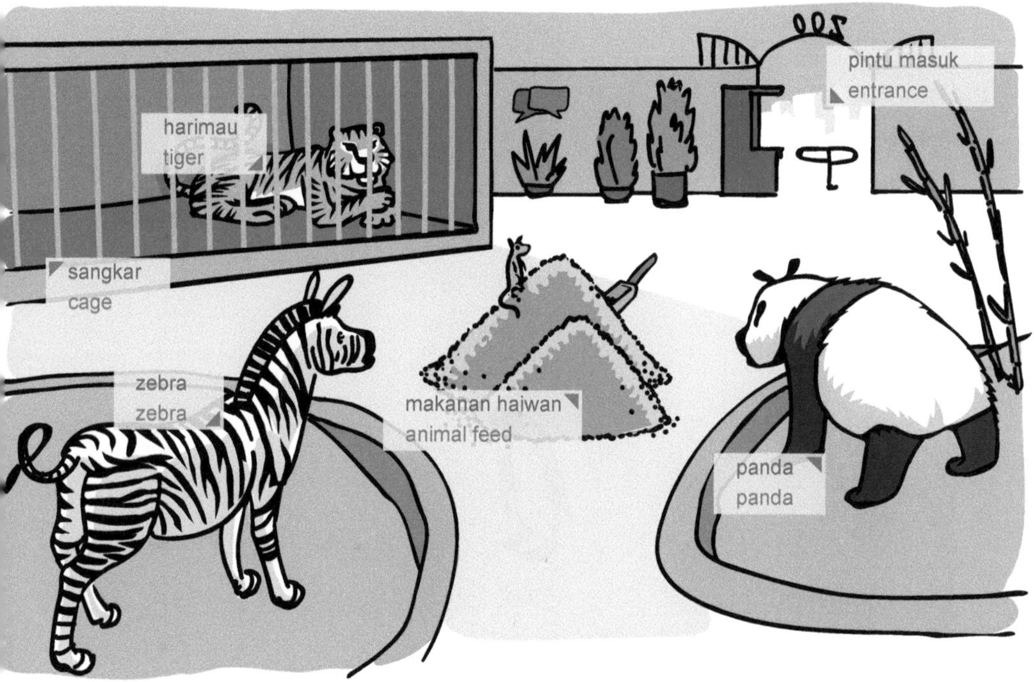

harimau
tiger
sangkar
cage
zebra
zebra
makanan haiwan
animal feed
pintu masuk
entrance
panda
panda

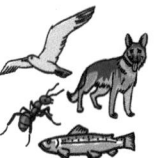

haiwan

animals

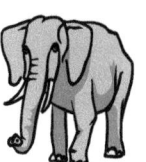

gajah

elephant

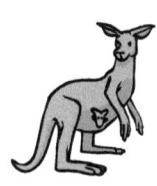

kanggaru

kangaroo

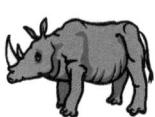

badak sumbu

rhino

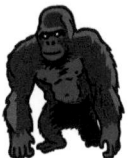

gorila

gorilla

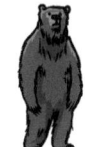

beruang

bear

unta

camel

burung unta

ostrich

singa

lion

monyet

monkey

flamingo

flamingo

nuri

parrot

beruang kutub

polar bear

penguin

penguin

yu

shark

merak

peacock

ular

snake

buaya

crocodile

penjaga zoo

zookeeper

anjing laut

seal

jaguar

jaguar

kuda

pony

harimau

leopard

badak air

hippo

zirafah

giraffe

helang

eagle

babi jantan

boar

ikan

fish

penyu

turtle

anjing laut

walrus

musang

fox

rusa

gazelle

sports

bola sepak Amerika
American football

berbasikal
cycling

tenis
tennis

bola keranjang
basketball

renang
swimming

tinju
boxing

hoki ais
ice hockey

bola sepak
soccer

badminton
badminton

olahraga
athletics

bola baling
handball

ski
skiing

polo
polo

lompat
jump

peluk
hug

ketawa
laugh

berjalan
walk

menyanyi
sing

berdoa
pray

cium
kiss

mimpi
dream

tulis

write

lukis

draw

tunjuk

show

tolak

push

beri

give

ambil

take

aktiviti - activities

63

ada

have

buat

do

ialah

be

berdiri

stand

lari

run

tarik

pull

buang

throw

jatuh

fall

tipu

lie

tunggu

wait

bawa

carry

duduk

sit

pakai

get dressed

tidur

sleep

bangkit

wake up

lihat pada

look at

menangis

cry

strok

stroke

sikat

comb

cakap

talk

faham

understand

tanya

ask

dengar

listen

minum

drink

makan

eat

mengemas

tidy up

sayang

love

masak

cook

pandu

drive

terbang

fly

belayar

sail

kira

calculate

baca

read

belajar

learn

kerja

work

nikah

marry

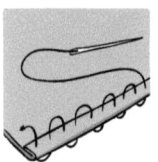

jahit

sew

memberus gigi

brush teeth

bunuh

kill

asap

smoke

hantar

send

aktiviti - activities

keluarga
family

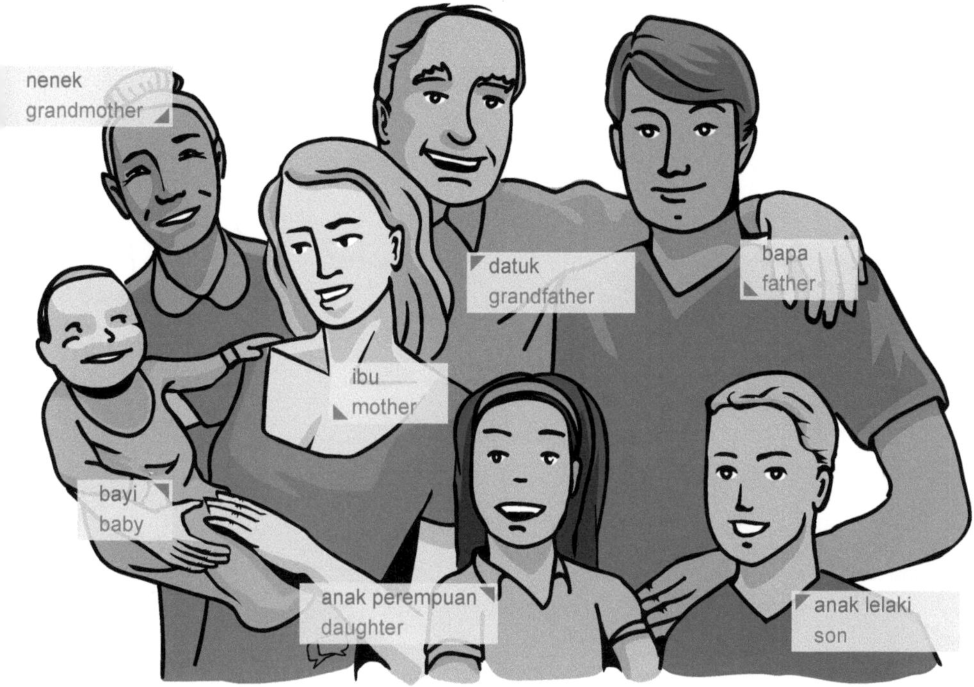

nenek
grandmother
datuk
grandfather
bapa
father
ibu
mother
bayi
baby
anak perempuan
daughter
anak lelaki
son

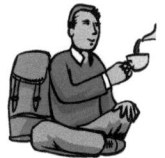

tetamu

guest

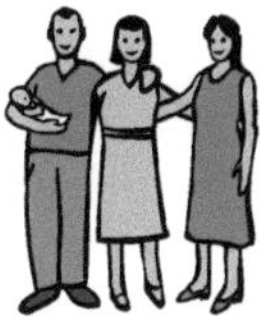

mak cik

aunt

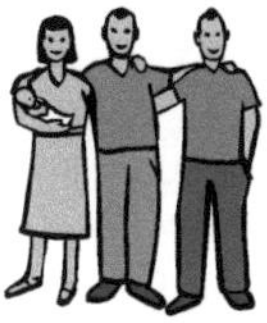

pak cik

uncle

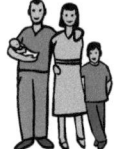

abang

brother

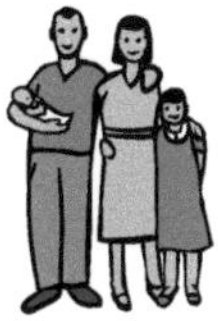

kakak

sister

badan

body

dahi
forehead
mata
eye
bahu
shoulder
jari
finger
muka
face
dagu
chin
tangan
hand
kaki
leg
dada
breast
lengan
arm

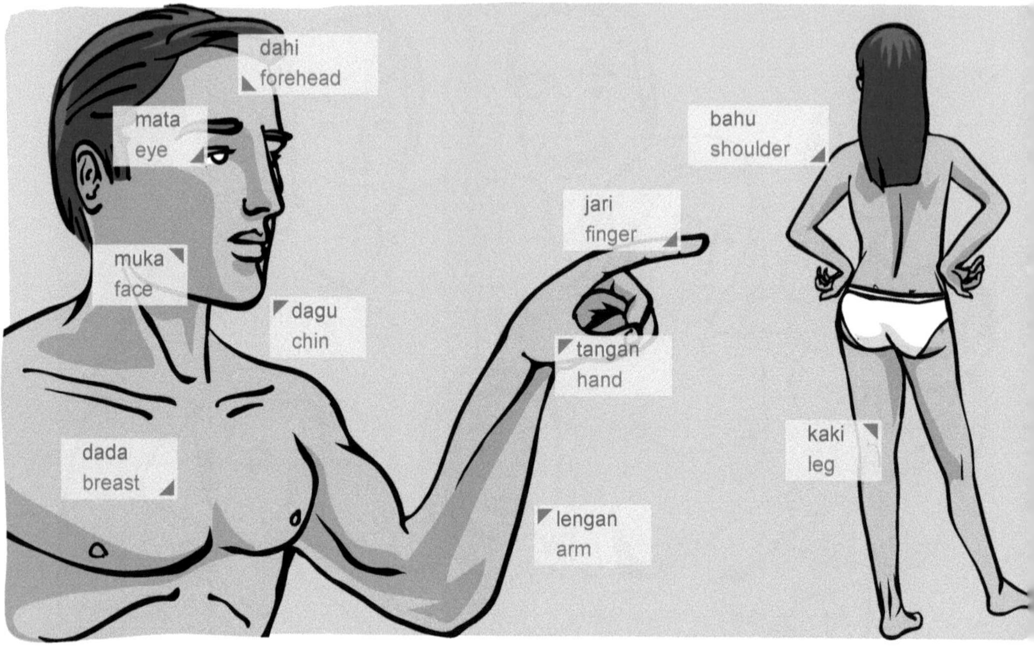

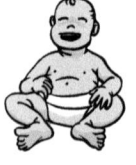

bayi

baby

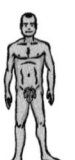

lelaki

man

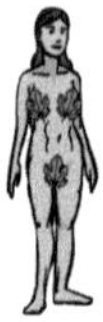

wanita

woman

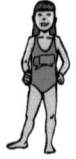

perempuan

girl

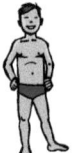

lelaki

boy

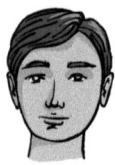

kepala

head

belakang

back

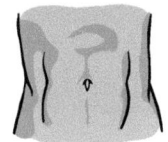

bawah perut

belly

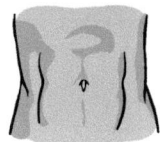

pusat

navel

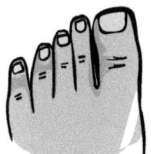

jari kaki

toe

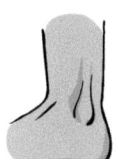

tumit

heel

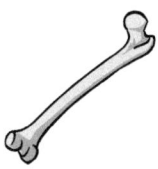

tulang

bone

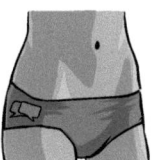

pinggul

hip

lutut

knee

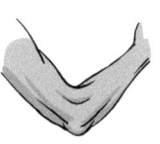

siku

elbow

hidung

nose

bawah

buttocks

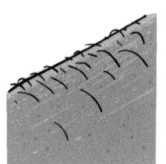

kulit

skin

pipi

cheek

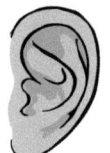

telinga

ear

bibir

lip

mulut

mouth

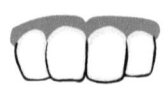

gigi

tooth

lidah

tongue

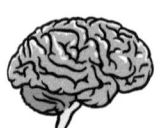

otak

brain

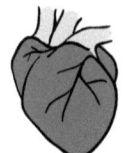

hati

heart

otot

muscle

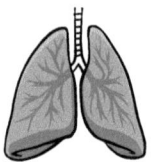

paru-paru

lung

hati

liver

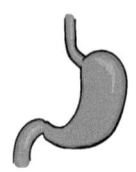

perut

stomach

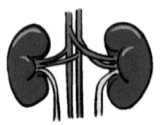

buah pinggang

kidneys

seks

sex

kondom

condom

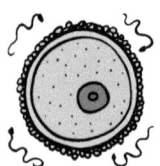

faraj

ovum

mani

semen

mengandung

pregnancy

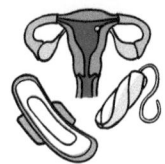

haid

menstruation

faraj

vagina

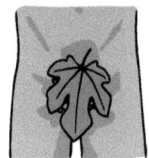

penis

penis

kening

eyebrow

rambut

hair

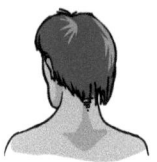

leher

neck

hospital
hospital

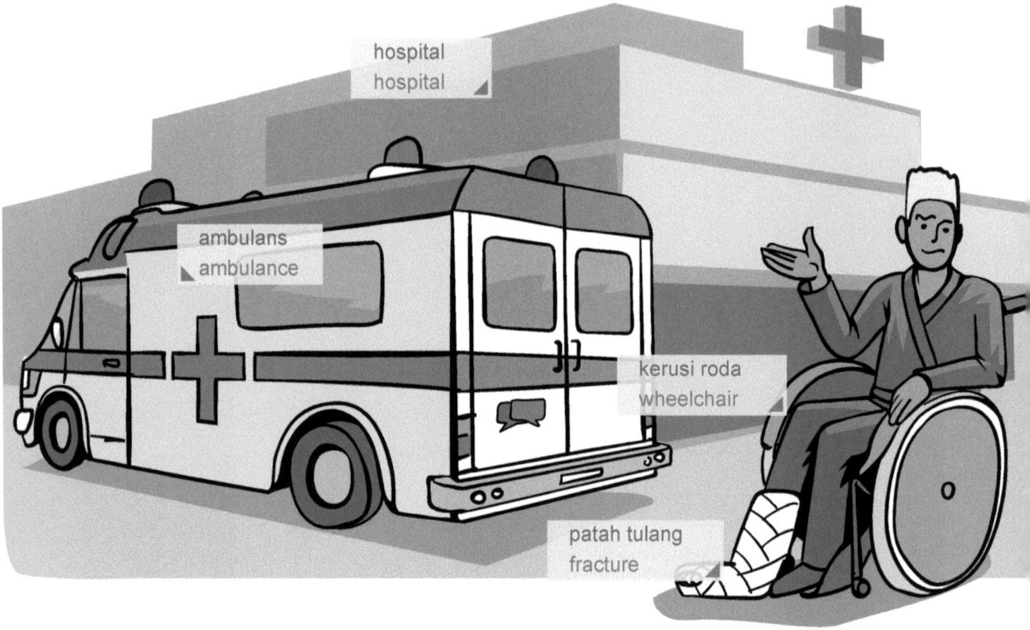

hospital
hospital
ambulans
ambulance
kerusi roda
wheelchair
patah tulang
fracture

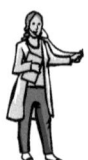

doktor

doctor

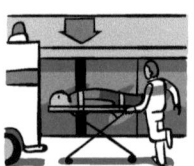

bilik kecemasan

emergency room

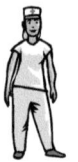

jururawat

nurse

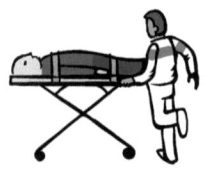

kecemasan

emergency

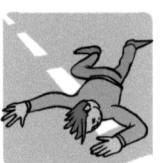

tak sedar

unconscious

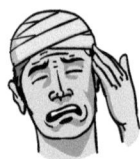

sakit

pain

kecederaan

injury

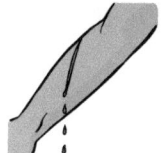

pendarahan

bleeding

serangan jantung

heart attack

strok

stroke

alergi

allergy

batuk

cough

demam

fever

selesema

flu

cirit-birit

diarrhea

sakit kepala

headache

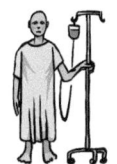

kanser

cancer

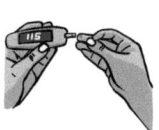

diabetes

diabetes

pakar bedah

surgeon

pisau bedah

scalpel

pembedahan

operation

CT
CT

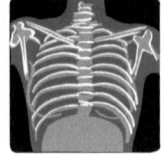

x-ray
x-ray

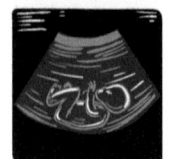

ultrabunyi
ultrasound

topeng muka
face mask

penyakit
disease

bilik menunggu
waiting room

penongkat
crutch

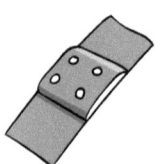

plaster
plaster

pembalut
bandage

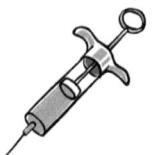

suntikan
injection

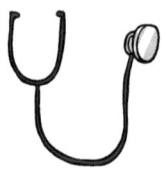

stetoskop
stethoscope

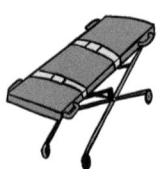

pengusung
stretcher

termometer klinik
clinical thermometer

kelahiran
birth

berat badan berlebihan
overweight

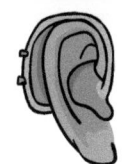

alat pendengaran

hearing aid

disinfektan

disinfectant

jangkitan

infection

virus

virus

HIV / AIDS

HIV / AIDS

perubatan

medicine

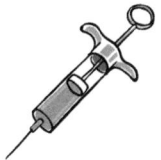

vaksinasi

vaccination

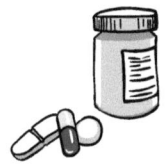

tablet

tablets

pil

pill

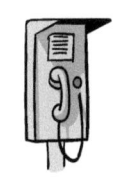

panggilan kecemasan

emergency call

pantau tekanan darah

blood pressure monitor

sakit / sihat

ill / healthy

penggera

alarm

serang

assault

Tolong!

Help!

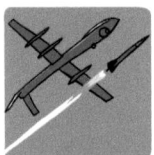

serangan

attack

bahaya

danger

pintu kecemasan

emergency exit

Api!

Fire!

alat pemadam api

fire extinguisher

kemalangan

accident

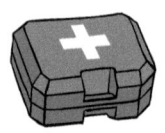

alat pertolongan cemas

first-aid kit

SOS

SOS

polis

police

Eropah

Europe

Amerika Utara

North America

Amerika Selatan

South America

Afrika

Africa

Asia

Asia

Australia

Australia

Atlantic

Atlantic

Pasifik

Pacific

Lautan Hindi

Indian Ocean

Lautan Antartik

Antarctic Ocean

Lautan Artik

Arctic Ocean

Kutub utara

North pole

Kutub Selatan

South pole

Antartika

Antarctica

bumi

earth

tanah

land

laut

sea

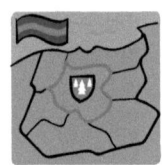

pulau

island

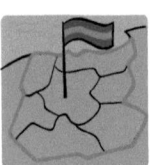

negara

nation

negeri

state

muka jam

clock face

tangan jam

hour hand

tangan minit

minute hand

terpakai

second hand

Jam berapa sekarang

What time is it?

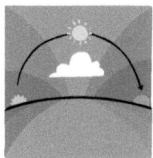

hari

day

masa

time

sekarang

now

jam digital

digital watch

minit

minute

jam

hour

minggu
week

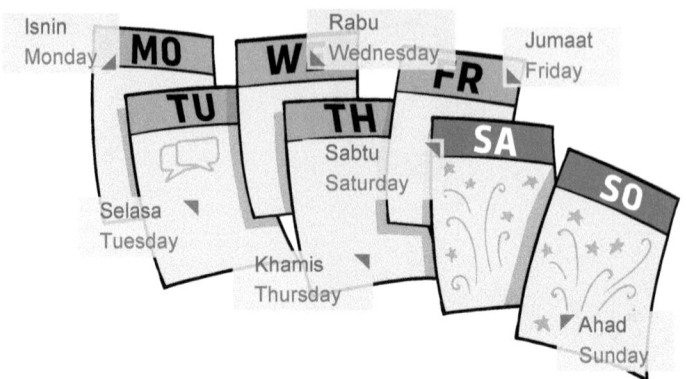

Isnin / Monday
Rabu / Wednesday
Jumaat / Friday
Selasa / Tuesday
Khamis / Thursday
Sabtu / Saturday
Ahad / Sunday

semalam

yesterday

hari ini

today

esok

tomorrow

pagi

morning

tengah hari

noon

petang

evening

hari kerja

workdays

hari minggu

weekend

tahun

year

hujan
rain
pelangi
rainbow
angin
wind
salji
snow
musim bunga
spring
musim panas
summer
musim luruh
fall
musim salji
winter

4.APRIL 11°
5.APRIL 4°
6.APRIL 13°
7.APRIL 8°
8.APRIL 10°

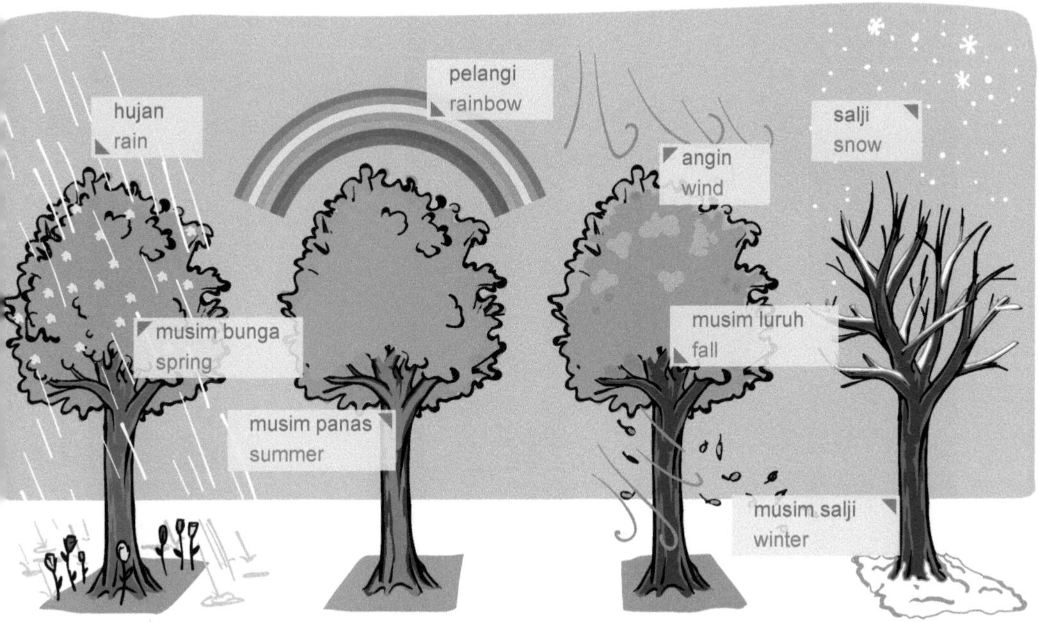

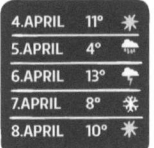

ramalan cuaca

weather forecast

F C
120 90 60 30 0 -30
40 30 20 10 0 -10 -20

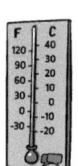

termometer

thermometer

sinar matahari

sunshine

awan

cloud

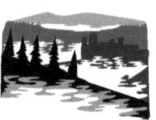

kabus

fog

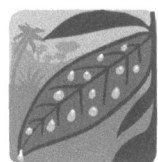

lembapan

humidity

kilat

lightning

petir

thunder

ribut

storm

hujan batu

hail

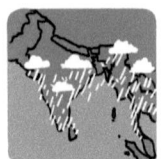

monsun

monsoon

banjir

flood

ais

ice

Januari

January

Februari

February

Mac

March

April

April

Mei

May

Jun

June

Julai

July

Ogos

August

tahun - year

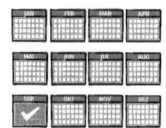

September
....
September

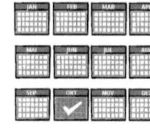

Oktober
....
October

November
....
November

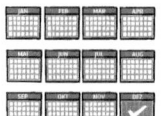

Disember
....
December

bentuk
shapes

bulatan
....
circle

petak
....
square

segi empat tepat
....
rectangle

segitiga
....
triangle

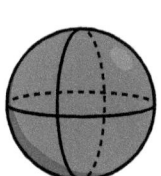

sfera
....
sphere

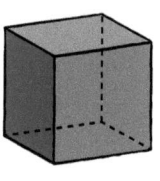

kiub
....
cube

putih

white

kuning

yellow

oren

orange

merah jambu

pink

merah

red

ungu

purple

biru

blue

hijau

green

coklat

brown

kelabu

gray

hitam

black

banyak / sedikit

a lot / a little

marah / tenang

angry / calm

cantik / hodoh

beautiful / ugly

bermula / tamat

beginning / end

besar kecil

big / small

terang / gelap

bright / dark

abang / kakak

brother / sister

bersih / kotor

clean / dirty

lengkap / tidak lengkap

complete / incomplete

hari / malam

day / night

mati / hidup

dead / alive

luas / sempit

wide / narrow

boleh dimakan / tidak boleh dimakan

edible / inedible

jahat / baik

evil / kind

teruja / bosan

excited / bored

gemuk / kurus

fat / thin

pertama / terakhir

first / last

kawan / musuh

friend / enemy

penuh / kosong

full / empty

keras / lembut

hard / soft

berat / ringan

heavy / light

lapar / dahaga

hunger / thirst

sakit / sihat

ill / healthy

menyalahi undang-undang / undang-undang

illegal / legal

pintar / bodoh

intelligent / stupid

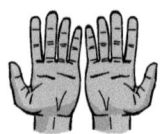

kiri / kanan

left / right

dekat / jauh

near / far

baru / lama

new / used

tiada / sesuatu

nothing / something

tua / muda

old / young

hidup / mati

on / off

terbuka / tertutup

open / closed

diam / bising

quiet / loud

kaya / miskin

rich / poor

betul / salah

right / wrong

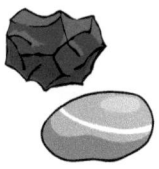

kasar / halus

rough / smooth

sedih / gembira

sad / happy

pendek / panjang

short / long

lambat / laju

slow / fast

basah / kering

wet / dry

panas / sejuk

warm / cool

berperang / berdamai

war / peace

nombor
numbers

0

sifar

zero

1

satu

one

2

dua

two

3

tiga

three

4

empat

four

5

lima

five

6

enam

six

7

tujuh

seven

8

lapan

eight

9

sembilan

nine

10

sepuluh

ten

11

sebelas

eleven

12
dua belas

twelve

13
tiga belas

thirteen

14
empat belas

fourteen

15
lima belas

fifteen

16
enam belas

sixteen

17
tujuh belas

seventeen

18
lapan belas

eighteen

19
Sembilan belas

nineteen

20
dua puluh

twenty

100
ratus

hundred

1.000
ribu

thousand

1.000.000
juta

million

Bahasa Inggeris

English

Bahasa Inggeris Amerika

American English

Bahasa Cina Mandarin

Chinese Mandarin

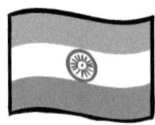

Bahasa Hindi

Hindi

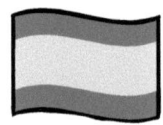

Bahasa Sepanyol

Spanish

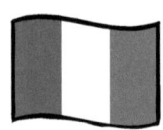

Bahasa Perancis

French

Bahasa Arab

Arabic

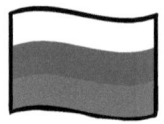

Bahasa Rusia

Russian

Bahasa Portugis

Portuguese

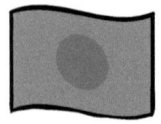

Bahasa Benggali

Bengali

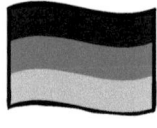

Bahasa Jerman

German

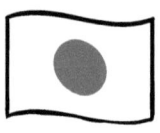

Bahasa Jepun

Japanese

saya

I

anda

you

dia / dia / ia

he / she / it

kita

we

anda

you

mereka

they

siapa?

who?

apa?

what?

bagaimana?

how?

di mana?

where?

bila?

when?

nama

name

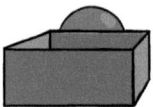

belakang

behind

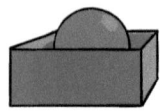

dalam

in

di hadapan

in front of

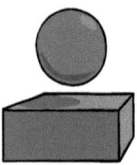

lebih

over

pada

on

di bawah

under

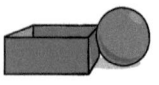

bersebelahan

beside

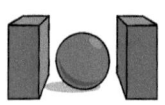

antara

between

tempat

place